JE DÉCOUVRE . . .
LE MONDE MERVEILLEUX
DES ANIMAUX

LE LYNX

Merebeth Switzer

Grolier Limitée
MONTRÉAL

CHEF DE LA PUBLICATION		Joseph R. DeVarennes
DIRECTEUR DE LA PUBLICATION		Kenneth H. Pearson
CONSEILLERS	Roger Aubin Gilles Bertrand	Jean-Pierre Durocher Gaston Lavoie
RÉDACTRICES EN CHEF		Anne Minguet-Patocka Valerie Wyatt
CONSEILLERS POUR LA SÉRIE		Michael Singleton Merebeth Switzer
RÉDACTION	Sophie Arthaud Charles Asselin Marie-Renée Cornu Michel Edery	Catherine Gautry Ysolde Nott Geoffroy Menet Mo Meziti
SERVICE ADMINISTRATIF	Kathy Kishimoto Monique Lemonnier	Alia Smyth William Waddell
COORDINATRICE DU SERVICE DE RÉDACTION		Jocelyn Smyth
CHEF DE LA PRODUCTION		Ernest Homewood
RECHERCHE PHOTOGRAPHIQUE		Don Markle Bill Ivy
ARTISTES	Marianne Collins Pat Ivy	Greg Ruhl Mary Théberge

Ouvrage pour la jeunesse recommandé par le Cercle des Jeunes Naturalistes du Québec.

Données de catalogage avant publication (Canada)

Switzer, Merebeth.
    Le lynx / Merebeth Switzer. Les lions marins / Mark Shawver.—

(Je découvre—le monde merveilleux des animaux)
Traduction de: Lynx. Sea lion.
Comprend des index.
ISBN 0-7172-1969-0 (lynx). — ISBN 0-7172-1970-4 (lions marins).

1. Lynx—Ouvrages pour la jeunesse. 2. Lions de mer—Ouvrages pour la jeunesse.
I. Shawver, Mark. Les lions marins. II. Titre. III. Titre: Les lions marins. IV. Collection.

QL737.C23S9714 1986   j599.74′428   C86-093079-3

Dépôt légal, 1er trimestre 1986
Bibliothèque nationale du Québec

Savez-vous . . .

Si vous vous promeniez dans une forêt du Nord, vous pourriez très bien passer près d'un lynx sans même le savoir. Mais le lynx, lui, vous verrait très bien. Couché sous un petit aulne ou perché sur une branche de sapin, il vous suivrait des yeux . . .

Les lynx sont les fantômes des forêts du Nord. On les voit rarement, sauf la nuit, et dès qu'on les repère, ils disparaissent en un éclair.

Bien que le lynx ait un côté mystérieux, il a aussi quelque chose en lui qui nous est familier. Est-ce parce qu'il est le cousin éloigné de nos chats domestiques? Allons l'observer de plus près et essayons d'en savoir plus sur ce chat timide et énigmatique.

Vous ne serez pas surpris d'apprendre que le lynx appartient à la même famille que les chats domestiques.

L'heure de la récréation

Les jeunes lynx ressemblent beaucoup aux chatons. C'est d'ailleurs le nom qu'on leur donne parfois. Et comme tous les jeunes chats, ils adorent jouer. Ils s'amusent à sauter sur leurs compagnons de jeux, font des cabrioles de bon matin et s'arrêtent soudain pour écraser d'un coup sec un taon qui bourdonne. Ils grattent une souche, bondissent, sautent, culbutent . . . puis reviennent dans le repaire où leur mère s'est assoupie. Fatigués, ils se blottissent douillettement contre la fourrure douce et soyeuse de celle-ci pour faire un petit somme.

D'un chat sauvage à l'autre

Il existe trois chats sauvages en Amérique du Nord: le couguar, le lynx roux et le lynx du Canada ou loup-cervier. Le couguar, qu'on appelle également puma ou lion de montagne, est le plus grand des trois. C'est aussi celui que l'on reconnaît le plus facilement. Sa robe fauve, son museau noir et sa longue queue le distinguent des deux autres.

Ses plus petits cousins, le lynx roux et le lynx du Canada, se différencient par leur queue. Tous deux ont des queues tronquées, mais les motifs en sont différents. L'extrémité de la queue du lynx du Canada est entièrement noire tandis que celle du lynx roux, également noire, est un peu plus longue et porte quatre ou cinq annelures sombres.

Le lynx du Canada et le lynx roux ont également une taille, une robe et des oreilles différentes. Le lynx du Canada est généralement plus grand; il a des membres plus longs et sa robe est moins tachetée que celle du lynx roux. Les touffes de poils qui ornent ses oreilles sont également plus longues et tout à fait particulières.

Malgré ces différences, il reste difficile de les distinguer. Fort heureusement, ces deux chats sauvages savent très bien qui ils sont.

Queue du lynx du Canada

Queue du lynx roux

Les lynx dans le monde

Les lynx nord-américains ont des proches parents au nord de l'Europe et de l'Asie. Il y en a encore plus au nord, dans la toundra où ne poussent pas d'arbres. Même ces lynx-là fréquentent pourtant les régions couvertes d'arbustes afin de se protéger contre leurs ennemis.

Régions d'Amérique du Nord où l'on rencontre des lynx.

11

Un animal svelte et élancé

Le lynx a de longs membres et d'énormes pattes, ce qui donne l'impression qu'il est très grand. En fait, un lynx ne pèse que de 8 à 11 kilogrammes, soit environ le poids d'un enfant d'un an. Si le lynx se laissait faire, vous arriveriez sûrement à le prendre dans vos bras. Comme chez la plupart des animaux, les mâles sont plus grands que les femelles.

Dans les régions nordiques, les lynx peuvent être légèrement plus grands que leurs cousins du Sud.

Le lynx du Canada se caractérise par sa courte queue à l'extrémité noire et par ses pattes «raquettes».

Des membres adaptés au saut en longueur et des pattes «raquettes»

Ce n'est pas sans raison que le lynx a de longs membres et des pattes d'une taille hors du commun: ils lui permettent de se déplacer avec aisance et rapidité, même quand le sol est tapissé d'une épaisse couche de neige.

Grâce à ses très longs membres, le lynx avance à grandes enjambées. Bien qu'il ait tendance à trotter de façon un peu gauche, il peut aller très vite s'il le faut. Ses membres très robustes lui permettent également de sauter gracieusement petits bosquets et troncs d'arbres. En hiver, ses pattes massives font office de raquettes. Mais comment? Les orteils poilus du lynx s'écartent au maximum. Le poids de l'animal est alors réparti sur la neige, ce qui l'empêche de s'y enfoncer. Ces orteils gantés de fourrure lui permettent aussi d'avoir chaud aux pieds. Quand le baromètre descend à -35°, il est très important d'avoir les pieds au chaud.

Bien que trapu, le lynx se déplace avec beaucoup de souplesse.

Patte postérieure

Patte antérieure

15

Tenue d'été, tenue d'hiver

Le lynx est un animal qui s'affaire toute l'année et sa fourrure doit s'adapter aux conditions de chaque saison. Il a donc deux livrées: l'une légère pour l'été et l'autre chaude pour l'hiver.

Son pelage d'été est assez court, ce qui n'empêche pas le lynx de se réfugier à l'ombre par temps chaud. Il s'y couche et, comme un chien, halète parfois pour avoir plus frais. Sa fourrure d'été, de couleur brun clair et légèrement mouchetée, lui permet de se fondre aux ombres de la forêt estivale. En automne, le lynx perd peu à peu sa fourrure d'été. Un pelage gris et laineux, aux taches encore plus légères, se met à pousser. La robe d'hiver du lynx se compose de deux couches. La première est touffue, sorte de couverture de laine qui conserve la chaleur de son corps. La deuxième se compose de longs poils protecteurs à bout noir, appelés jarres. Ils sont imperméables et protègent le lynx contre les vents glacés. Lisses et d'un gris argenté, ils sont très longs—ils peuvent avoir plus de dix centimètres de long—et très beaux.

Page ci-contre:

Peu d'animaux peuvent se vanter d'avoir en hiver une fourrure aussi belle et aussi soyeuse.

16

Un chasseur-né

Les chats sont extrêmement bien équipés pour la chasse; le lynx aussi. Ses sens aigus, son corps agile et robuste, ses mâchoires puissantes et ses dents pointues font de lui un chasseur très habile.

Comme le chat domestique, le lynx approche furtivement de sa proie. On dirait qu'il sait exactement où poser les pattes pour faire le moins de bruit possible. Le seul craquement d'une brindille pourrait lui coûter son repas. Il suffit d'avoir vu un chat marcher gracieusement entre des pots de fleurs ou entre des bibelots pour s'apercevoir de quelle agilité les félins sont capables.

Dès qu'il se trouve à proximité de sa proie, le lynx attend un bref instant puis, aussi rapide que l'éclair, il bondit: un, deux, trois, pris. Le lynx n'aura pas faim ce soir.

Prêt à saisir sa proie.

Sans le lièvre d'Amérique . . .

Le lynx chasse des souris, des campagnols, des écureuils, des perdrix et se nourrit parfois de faons ou de jeunes caribous morts. En hiver, il mange surtout des lièvres d'Amérique, lesquels constituent 75 pour 100 ou plus de son régime alimentaire.

On a remarqué que quand les lièvres d'Amérique sont rares, les lynx le sont aussi. Plus il y a de nourriture dans une région, plus il y a de lièvres et de lynx. Les lièvres grignotent les plantes et les lynx chassent les lièvres. Au bout d'une dizaine d'années, toutefois, il y a trop de lièvres pour la quantité de nourriture disponible. Le nombre de lièvres se met alors à diminuer, et par là même celui des lynx. Puis le cycle des 10 ans reprend et ainsi de suite.

Sur un arbre perché

Excellent grimpeur, le lynx choisit souvent un grand arbre comme lieu d'observation. Il peut ainsi repérer ses proies sans être lui-même vu.

Il grimpe également aux arbres lorsqu'un loup le poursuit. Ses talents de grimpeur lui sont toutefois moins utiles quand il est pourchassé par un couguar, son autre grand ennemi. Un couguar grimpe en effet aux arbres tout aussi facilement qu'un lynx. Comme la plupart des chats, le lynx a horreur de l'eau. Toutefois, pour échapper à un couguar, le lynx ferait n'importe quoi, même nager.

À l'affût.

Voir la nuit

Le lynx chasse surtout la nuit. Il a donc des sens très développés qui l'aident à trouver sa nourriture. Son odorat est assez faible, mais comme la plupart des chats, il a une vue perçante qui lui permet de voir même dans l'obscurité.

La prochaine fois que vous verrez un chat, regardez attentivement ses yeux. Vous remarquerez que la pupille, cette partie noire au centre de l'œil, change rapidement de taille. Quand la lumière est vive, ce n'est qu'une fente minuscule. Mais dans le noir, elle se dilate et devient un grand cercle noir. L'œil reçoit ainsi plus de lumière et le chat voit donc mieux. Le lynx voit tout en noir et blanc et distingue seulement des teintes de gris. Bien qu'il soit daltonien, le lynx voit sans doute aussi bien par une nuit de pleine lune que vous en plein jour.

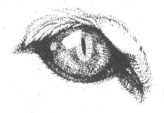

Œil de lynx

Peu habitué à la lumière du jour, ce lynx ne peut affronter le soleil sans loucher.

Les favoris: un signal d'alarme

Le lynx ne compte pas seulement sur sa vue pour chasser; il se sert également de ses très longs favoris. Si le bout de ses favoris frôle quelque chose lorsqu'il se fraie un chemin dans les broussailles ou dans une caverne obscure, le lynx s'arrête pour évaluer la situation. Comme d'autres chats, il sait que si ses favoris ne passent pas, le reste de son corps ne passera pas non plus.

Les favoris d'un lynx ne sont pas de simples décorations. Ce sont des poils tactiles qui lui procurent d'importants renseignements.

Défense d'entrer

Les lynx mâles ont des territoires de chasse où les autres lynx ne doivent pas pénétrer. Comment les lynx savent-ils à qui appartient tel ou tel territoire? Tout simplement parce que chaque lynx laisse sa marque sur son domaine. Pour ce faire, il se dresse contre un tronc d'arbre et le lacère, laissant ainsi des traces sur l'écorce. Il soulève ensuite la patte postérieure et urine sur l'arbre, exactement comme le fait un chien. Ces sortes de «poteaux de signalisation» indiquent aux autres que «Ce territoire est occupé. Défense d'y entrer.»

Arbre lacéré par un lynx

Le lynx est un solitaire.

Pendant sa tournée nocturne, au cours de laquelle il suit tout un labyrinthe de sentiers, le lynx marque régulièrement ces «poteaux». On retrouve l'animal sur la berge d'une rivière, une pente rocheuse, la crête d'une falaise ou un chemin de forêt. Il lui arrive de parcourir jusqu'à 20 kilomètres par nuit, marquant le territoire sur son passage. Si l'odeur sur un «poteau» disparaît, un autre lynx peut se hasarder à occuper le territoire.

Revendiquer un territoire ne semble pas être le souci premier de la femelle lynx. Les femelles ont d'ailleurs la permission de traverser le territoire des mâles. Qui sait? À la saison des amours, la passante pourrait bien être cette compagne que le mâle recherche! Bien que le mâle ne la craigne pas, la femelle est loin d'être faible. Elle peut et sait se battre contre un adversaire mâle, surtout si elle a des petits à protéger.

Chansons d'amour

Pendant la saison des amours, de janvier à mars, les cris amoureux des lynx mâles retentissent dans la nuit. Ils attirent ainsi les femelles et défient tout autre mâle qui s'aventure sur leur territoire. Quel vacarme! Lorsqu'on a déjà entendu miauler deux chats en rut, il n'est pas difficile d'imaginer le bruit qui résonne dans la forêt quand deux gros lynx mâles hurlent.

Chez le mâle, le désir d'être père d'une nouvelle génération de chatons est très fort. C'est pourquoi il arrive souvent que deux mâles se battent pour la même femelle. Ces combats peuvent être féroces. Les deux mâles se crachent dessus et se crient après; très vite, ils en viennent au corps à corps, leurs griffes jettent des étincelles, des touffes de fourrure volent . . . Qui sera le vainqueur de cette lutte acharnée? Le plus faible finit par abdiquer avant de n'être gravement blessé. Il disparaît dans les bois, laissant le lynx le plus fort et le plus vigoureux être le père de la future génération de lynx. La victoire du plus fort assure aux chatons force et santé.

Page ci-contre:
Il est difficile de croire que les cris perçants de ce mâle, très épris, sont une véritable chanson d'amour pour la femelle.

La femelle, qui se tient à proximité, répond à l'appel du vainqueur en poussant des miaulements et des ronronnements bien particuliers.

Un père insouciant

Il arrive que le mâle et la femelle vivent, chassent et jouent ensemble pendant quelques semaines. Très souvent, toutefois, le mâle quitte sa compagne et, sans tarder, se met à la recherche d'une autre femelle avec qui il aura d'autres petits.

Si le mâle reste avec la femelle, celle-ci le chasse bien avant la naissance des petits. Les mâles sont en effet dangereux car ils tuent parfois leurs propres chatons.

Quelquefois, le mâle refuse de partir. Mais les sifflements rageurs de la femelle, les morsures qu'elle lui inflige et les menaces qu'elle profère font vite comprendre au mâle qu'il a tout intérêt de se retirer.

Maman veille à tout

Comme beaucoup de mères, la femelle lynx protège farouchement ses petits. Elle s'arrange pour que la naissance des chatons et le repaire ne soient pas connus du mâle et qu'ils soient cachés à tous les intrus. Mais bien que tout cela reste secret, nous savons ce qui se passe pour avoir étudié le comportement de ses cousins.

Environ deux mois après l'accouplement, la mère se met à la recherche d'un repaire isolé. Comme elle est seule à s'occuper des petits, elle cherche un lieu sûr, à proximité d'une bonne zone de chasse. Elle finit par choisir un emplacement sous les branches basses d'une épinette, à l'intérieur d'une bûche morte ou dans une caverne sèche et obscure.

C'est là qu'elle met au monde les chatons, chaque portée en comptant de un à cinq. À leur naissance, ces chatons minuscules et sans défense ressemblent à des boules de fourrure grise. Ils sont sourds et aveugles mais, dans les deux semaines qui suivent, leurs yeux s'ouvrent et leur ouïe se développe.

Page ci-contre:

La dépendance des chatons ne dure pas longtemps. À deux mois, ils étrennent déjà leur nouvelle fourrure et commencent à explorer le monde.

Des bébés qui grandissent vite

Bien que les bébés lynx soient à peine plus grands que des chatons domestiques, leurs pattes sont déjà grosses. Pendant les premières semaines de leur vie, ils vivent dans le repaire et tètent le lait très nourrissant de leur mère. Bien que celle-ci les laisse régulièrement seuls pour aller chasser, elle ne s'éloigne jamais du logis familial au cas où un autre lynx, un couguar ou un loup les découvriraient.

La mère lynx ramène parfois un cadeau spécial aux chatons: un os juteux ou un morceau de viande. En rongeant les os, les jeunes lynx renforcent leurs mâchoires. Et le morceau de viande qu'ils mâchonnent de temps en temps leur donne un avant-goût de ce qu'ils auront à chasser quand ils seront plus grands.

À deux mois, les chatons ont perdu le duvet gris dont ils étaient vêtus à leur naissance. Ils ont maintenant une robe rouge vif ou jaune clair, mouchetée de brun tendre. Les jeunes lynx sont curieux et ne tiennent pas en place.

Page ci-contre:

Les chatons passent leur premier hiver avec maman.

Ils jouent sans cesse . . . à cache-cache, à se poursuivre, à bondir les uns sur les autres, à culbuter et à se chamailler.

Tout s'apprend avec de l'expérience

Jouer prépare les chatons à l'une des occupations les plus importantes de leur vie: la chasse. À deux mois, ils «s'attablent» non seulement avec leur mère mais aussi l'accompagnent la nuit à la chasse. Pour leur mère comme pour eux, il vaut mieux qu'ils apprennent à chasser le plus vite possible.

La femelle cache ses petits non loin d'elle pendant qu'elle traque sa proie de façon qu'ils l'observent. Quelque temps plus tard, ils commencent à chasser de petits animaux, des souris ou des campagnols, par exemple. Évidemment, ils font encore beaucoup d'erreurs, comme tous les débutants. Mais peu à peu, leurs qualités de chasseur s'améliorent.

Propres comme un sou neuf

Les jeunes lynx grandissent très vite. En automne, ils sont presque aussi grands que leur mère. Pour la première fois de leur vie, ils perdent leur pelage d'été et une nouvelle fourrure plus épaisse, celle d'hiver, se met à pousser. Avec leur longue fourrure d'adulte, ils ressemblent beaucoup à leurs gracieux parents.

Une belle fourrure demande un entretien particulier. Au cours des cinq derniers mois, leur mère les a soigneusement léchés avec sa langue rugueuse afin qu'ils soient propres. À présent, les lynx sont assez grands pour faire tout seuls la toilette de leur fourrure. Régulièrement lavée et lissée, la fourrure reste saine et tient les lynx au chaud pendant l'hiver.

Une petite sieste.

Adieux à la famille

En automne, les nuits se font de plus en plus froides et les journées de plus en plus courtes. Dans les forêts du Nord, la neige commence déjà à tomber. Les jeunes lynx passent une très grande partie de l'hiver avec leur mère.

À la fin de l'hiver ou au début du printemps, la famille se sépare. La mère ne tient pas à ce que ses petits soient là au moment de la saison des amours. De plus, ils sont maintenant assez grands pour se débrouiller tout seuls. La famille ne se réunira plus jamais, mais dès le printemps suivant, les jeunes lynx seront prêts à fonder leur propre famille.

En attendant, tous ces beaux chats mystérieux s'en iront rôder dans les forêts du Nord. Ils surgiront soudain de nulle part pour disparaître aussitôt, en s'évanouissant comme une ombre d'argent dans les profondeurs secrètes de la nuit.

Glossaire

Accoupler (s')   S'unir pour avoir des petits.

Daltonien   Animal qui ne distingue pas les couleurs.

Félin   Animal du type chat.

Jarres   Poils longs et drus composant la couche externe de la robe du lynx.

Livrée   Pelage d'un animal.

Proie   Animal qu'un autre animal chasse pour le dévorer.

Pupille   Ouverture du centre de l'œil qui contrôle la quantité de lumière reçue par celui-ci.

Repaire   Logis du lynx.

Robe   Pelage du lynx.

Rut   Période pendant laquelle les animaux cherchent à s'accoupler.

Saison des amours   Saison pendant laquelle le mâle et la femelle s'accouplent.

Territoire   Domaine habité par un animal ou un groupe d'animaux et souvent interdit aux autres animaux de même espèce.

INDEX

Couverture: J.A. Wilkinson (Valan Photos)

Crédit des photographies: Tim Fitzharris (First Light Associated Photographers), pages 4, 10; T.W. Hall (Parcs Canada), 7; E. Schmidt (Valan Photos), 13, 24-25, 26, 28, 32, 42, 45; Wilf Schurig (Valan Photos), 14, 17; J.A. Wilkinson (Valan Photos), 18, 35; Michel Quintin (Valan Photos), 21; Dennis Schmidt (Valan Photos), 22; Stephen J. Krasemann (Valan Photos), 31; Office National du Film du Canada, 37; E. Schmidecker (Miller Services), 39; R. Spoenlein (Miller Services), 40.

Imprimé en Espagne

JE DÉCOUVRE . . .
LE MONDE MERVEILLEUX
DES ANIMAUX

LES LIONS
MARINS

Mark Shawver

Grolier Limitée
MONTRÉAL

CHEF DE LA PUBLICATION		Joseph R. DeVarennes
DIRECTEUR DE LA PUBLICATION		Kenneth H. Pearson
CONSEILLERS	Roger Aubin Gilles Bertrand	Jean-Pierre Durocher Gaston Lavoie
RÉDACTRICES EN CHEF		Anne Minguet-Patocka Valerie Wyatt
CONSEILLERS POUR LA SÉRIE		Michael Singleton Merebeth Switzer
RÉDACTION	Sophie Arthaud Charles Asselin Marie-Renée Cornu Michel Edery	Catherine Gautry Ysolde Nott Geoffroy Menet Mo Meziti
SERVICE ADMINISTRATIF	Kathy Kishimoto Monique Lemonnier	Alia Smyth William Waddell
COORDINATRICE DU SERVICE DE RÉDACTION		Jocelyn Smyth
CHEF DE LA PRODUCTION		Ernest Homewood
RECHERCHE PHOTOGRAPHIQUE		Don Markle Bill Ivy
ARTISTES	Marianne Collins Pat Ivy	Greg Ruhl Mary Théberge

Ouvrage pour la jeunesse recommandé par le Cercle des Jeunes Naturalistes du Québec.

Données de catalogage avant publication (Canada)

Switzer, Merebeth.
   Le lynx / Merebeth Switzer. Les lions marins / Mark Shawver. —

(Je découvre—le monde merveilleux des animaux)
Traduction de: Lynx. Sea lion.
Comprend des index.
ISBN 0-7172-1969-0 (lynx). — ISBN 0-7172-1970-4 (lions marins).

1. Lynx—Ouvrages pour la jeunesse.   2. Lions de mer—Ouvrages pour la jeunesse.
I. Shawver, Mark. Les lions marins.   II. Titre.   III. Titre: Les lions marins.   IV. Collection.

QL737.C23S9714 1986   j599.74′428   C86-093079-3

Dépôt légal, 1er trimestre 1986
Bibliothèque nationale du Québec

Savez-vous . . .

Avant même d'apercevoir des lions marins on les entend, car il faut dire que ces animaux ne sont guère silencieux. Qu'ils se promènent, qu'ils soient couchés au soleil ou qu'ils enjambent leurs camarades pour aller se mettre à l'eau, ils font du bruit. En plus, ils tiennent rarement en place. À vrai dire, il y a beaucoup d'animation dans une colonie de lions marins.

Malheureusement, on ne connaît généralement que les lions marins qui sont dressés pour le spectacle: ceux qui tiennent des balles en équilibre sur leur museau, qui soufflent dans des trompettes et tapent des nageoires dès qu'on le leur demande. Découvrons ensemble les vrais lions marins, ceux qui vivent à l'état sauvage. Ceux que leur maladresse sur terre et leur grâce dans l'eau rendent si fascinants.

Les lions marins regagnent la terre ferme pour s'accoupler, procréer et se dorer au soleil.

L'amour d'une mère

Mettez-vous un instant à la place d'un petit lion marin. Il se trouve sur une plage où des centaines de lions marins se sont réunis. Tout est nouveau pour lui. Soudain, il entend retentir des rugissements assourdissants. Deux énormes lions marins sont en train de se battre. Il lève les yeux: l'un d'eux a reçu un tel coup qu'il est tombé sur le sol. Le voilà qui roule dans sa direction. Que pense à ce moment précis le petit lion marin? Qu'il va se faire écraser, bien sûr! Mais, au dernier moment, on le saisit par la peau du cou et on l'entraîne à l'écart. Il est sain et sauf. Sa mère le surveillait, prête à intervenir au moindre danger. Chez les lions marins, ce genre de scène se reproduit fréquemment. En effet, pendant les cinq ou six premiers mois de la vie de son petit, la mère ne s'en éloigne pas pour pouvoir le protéger à la moindre alerte. En fait, la mère et le petit passent presque tout leur temps sur la plage, l'un contre l'autre. Le petit aime particulièrement s'installer sur le dos de sa mère pour faire la sieste.

Page ci-contre:

Jeune lion marin à la recherche de sa mère.

7

Des pattes en forme de nageoires

Les lions marins appartiennent à un groupe d'animaux appelés *pinnipèdes*. Ce mot signifie «pied-nageoire». On leur a donné ce nom car leurs membres sont vraiment comparables à des nageoires.

Les pinnipèdes sont divisés en trois familles: les otariidés, qui comprennent les lions marins et les otaries à fourrure, les phoques et le morse.

*Nageoire antérieure
du lion marin*

*Nageoire postérieure
du lion marin*

Phoque ou lion marin?

À quoi reconnaît-on un lion marin d'un phoque? Tout simplement à leurs oreilles et à leur démarche. Si l'animal a des oreilles dépourvues de pavillon, s'il rampe sur le ventre comme une énorme chenille, il s'agit d'un phoque. S'il a de petites oreilles de chaque côté de la tête et s'il s'appuie sur ses quatre membres pour se déplacer, il s'agit d'un lion marin ou d'une otarie à fourrure.

On rencontre deux espèces de lions marins le long des côtes d'Amérique du Nord: celui qu'on a l'habitude d'appeler otarie de Steller et le lion marin de Californie, plus répandu.

Chez les lions marins, le pavillon des oreilles est visible.

Leur habitat

En Amérique du Nord, on rencontre des lions marins sur la côte ouest, depuis les eaux froides de la mer de Béring jusqu'aux eaux tièdes qui baignent la Californie et le Mexique. L'otarie de Steller aime les plages rocheuses tandis que le lion marin de Californie préfère les plages de sable ou de galets.

En automne et au printemps, les mâles parcourent des kilomètres et des kilomètres en quête de régions plus poissonneuses. Pendant ce temps-là, les femelles apprennent à leurs petits à se débrouiller tout seuls.

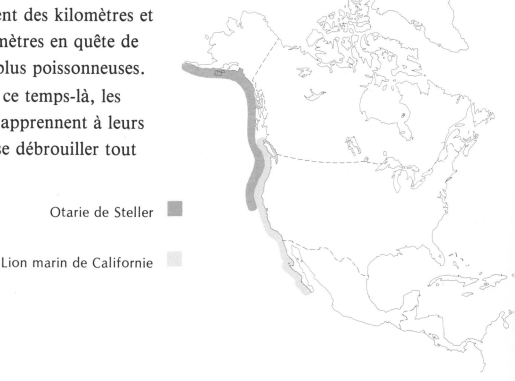

Otarie de Steller

Lion marin de Californie

D'excellents nageurs

C'est dans l'eau que les lions marins sont vraiment dans leur élément. Ils tournent sur eux-mêmes et tourbillonnent avec une telle grâce qu'on croirait assister à un ballet. En quelques battements de nageoires, un lion marin glisse dans l'eau à vive allure, atteignant de 24 à 32 kilomètres à l'heure.

Les grandes nageoires antérieures des lions marins sont presque aussi longues qu'un bras d'homme. Elles battent de haut en bas, un peu comme les ailes d'un oiseau.

Incapables de respirer sous l'eau, les lions marins sont obligés de remonter à l'air libre pour le faire.

Dans l'eau, l'animal se sert de ses nageoires postérieures, plus courtes, pour changer de direction. Sur terre, il les plie vers l'avant et s'appuie sur elles pour marcher.

Les lions marins plongent à merveille et aiment se jeter à l'eau à partir de rochers ou de plages de galets. Ils doivent toutefois faire attention que de violentes vagues ne les projettent pas contre les rochers.

Grâce à leur corps fuselé, en forme de torpille, les lions marins se classent parmi les meilleurs nageurs du règne animal. Ils glissent d'ailleurs dans l'eau sans grand effort.

Du poisson à tous les repas

Les lions marins trouvent toute leur nourriture dans l'océan. Ils mangent des harengs, des morues, des flets mais aussi des poulpes et des pieuvres.

Pour se déplacer sur le sol, un lion marin s'appuie sur ses quatre nageoires.

Les lions marins se nourrissent surtout la nuit. Pour attraper les poissons, dont la peau est glissante, un lion marin doit agir avec rapidité. Une fois la proie capturée, il la serre très fort entre ses mâchoires puissantes. Il ne fait de sa victime qu'une bouchée, prenant rarement la peine de la mâcher. Toutefois, si le poisson est trop gros pour qu'il puisse l'avaler tout entier, le lion marin le secoue énergiquement pour qu'il se «casse» en morceaux.

Généralement, un lion marin chasse seul ou tout au plus avec quelques camarades. Si un banc de harengs passe près de lui, en revanche, une armée de lions marins se joint à la partie. Même ceux qui faisaient la sieste se réveillent pour participer au banquet.

Il arrive qu'un lion marin chasse par plaisir. Il attrape un poisson, le relâche, le poursuit de nouveau et le relâche une deuxième fois. Apparemment, les lions marins aiment jouer à ce petit jeu!

Poids lourds

Savez-vous que certains lions marins peuvent atteindre la taille d'une petite voiture? En fait, l'otarie de Steller peut peser jusqu'à 900 kilogrammes et mesurer presque 3 mètres. Le lion marin de Californie est nettement plus petit; il pèse quelque 250 kilogrammes et mesure presque 2,5 mètres de long! Les femelles ne pèsent que le tiers du poids du mâle environ.

Les mâles sont généralement bruns. Les femelles sont un peu plus clair. Par contre, lorsque leur poil est mouillé, les lions marins sont pratiquement noirs.

L'otarie de Steller peut être vraiment petite à la naissance mais qui sait si à l'âge adulte, elle ne sera pas plus grosse qu'un ours blanc.

Contre le froid/contre le chaud

Les lions marins se préservent du froid de plusieurs façons, même dans les eaux glaciales. Tout d'abord, l'épaisse couche de graisse qu'ils ont sous la peau conserve la chaleur de leur corps et l'isole du froid.

Les lions marins possèdent autre chose qui les protège du froid: une épaisse fourrure aux poils si fournis que l'eau n'atteint jamais leur peau. De plus, les millions de petites bulles d'air qui ont été emprisonnées entre les poils de la fourrure empêchent la chaleur de s'échapper et le froid de pénétrer.

En été, si les lions marins ont trop chaud, ils se baignent pour se rafraîchir. Quelquefois aussi, ils halètent comme un chien ou s'éventent en battant des nageoires. De plus, les nageoires n'ayant pas de graisse, la chaleur du corps de l'animal peut s'échapper.

Pour un lion marin, avoir un manteau de fourrure n'est pas un luxe, c'est une nécessité absolue!

Un manteau de fourrure neuf par an

Pendant un an, le lion de mer a grimpé sur les rochers, s'est allongé sur les plages rocailleuses, s'est battu, a joué . . . et sa fourrure est dans un piteux état, en lambeaux même. Elle ne lui tient plus aussi chaud qu'au début. Mais qu'à cela ne tienne! Tous les ans au printemps, lorsqu'ils sont sur la plage, les lions marins perdent leur vieille fourrure et une autre, toute neuve, se met à pousser. Et comme ils passent moins de temps dans l'eau à cette saison, les lions de mer semblent pouvoir se passer de fourrure pendant quelques semaines. Au terme de ce changement, qu'on appelle mue, un lion marin arbore une belle fourrure lustrée.

On paresse au soleil.

Des yeux sous-marins

Si vous plongiez dans les profondeurs de l'océan, vous auriez sans doute du mal à voir dans la pénombre des eaux troubles. L'œil humain n'est pas adapté à ces conditions. Un lion marin a de grands yeux marron dont les pupilles se dilatent pour laisser passer le plus de lumière possible. Il voit dans les ténèbres des profondeurs marines là où les humains ne voient rien.

De plus, les yeux du lion marin sont recouverts d'une membrane transparente qui les protège sous l'eau. C'est cette membrane qui donne à l'animal cet air doux et affectueux. Le lion marin a des paupières, comme nous, qui protègent ses yeux quand il est sur terre. Et comme nous encore, il ferme les yeux pour dormir. Sur le sol, des larmes coulent sans arrêt le long de ses joues, éliminant le sable ou la terre. C'est pour cela qu'on a l'impression que les lions marins sont toujours en train de pleurer.

Page ci-contre:
Dans l'eau, peu d'animaux sont aussi gracieux que les lions marins.

28

«Voir» dans le noir

Comment faites-vous pour vous diriger dans le noir? Vous avancez probablement à tâtons. Les lions marins, qui se nourrissent la nuit, sont souvent dans l'obscurité lorsqu'ils chassent dans les profondeurs de l'océan. Pour se reconnaître, ils n'utilisent pas leurs mains, puisqu'ils n'en ont pas, mais leurs moustaches, qu'on appelle vibrisses.

Les vibrisses, que de petits muscles commandent, servent, comme nos doigts, à explorer le milieu environnant. Des nerfs les rendent sensibles. Grâce à eux, un lion marin peut reconnaître une pieuvre visqueuse d'un bout de bois. Un lion marin dressé peut même se servir de ses vibrisses pour tenir une balle en équilibre sur son museau.

Les vibrisses constituent un élément important de l'attirail de pêche des lions marins.

Les autres sens

Quand un lion marin plonge, ses narines
s'oblitèrent, c'est-à-dire qu'elles se ferment
pour que l'eau n'y pénètre pas. Le lion marin
possède un odorat très fin. Ainsi, une mère
reconnaît son petit entre tous à son odeur.

Les lions marins entendent aussi bien dans
l'eau que sur terre. Ils ont de petites oreilles en
forme de tubes, pas plus grandes qu'un petit
orteil, qu'ils dressent comme un chien.

*Le sens de l'odorat n'est utile au lion
marin que sur la terre ferme. Sous
l'eau, ses narines sont oblitérées.*

Des chiens marins . . .

Les lions marins sont des animaux très bruyants, surtout lorsqu'ils se retrouvent en groupe sur une plage. Ils émettent un son qui tient du HEU-HEU, grognent et aboient. En fait, les marins les appelaient autrefois chiens marins.

Leurs aboiements ont plusieurs significations. Ainsi, le mâle aboie très fort pour avertir les autres mâles de ne pas pénétrer sur son territoire. Un aboiement peut aussi aider une femelle à retrouver son petit: elle reconnaît l'aboiement de son petit entre cent.

Les lions marins aboient encore pour signaler un danger. Quand celui-ci se précise, le mâle se met à aboyer rapidement et se précipite vers la mer. Très vite, d'autres lions marins le rejoignent. Ils aboient aussi sous l'eau et on peut les entendre de très loin.

Lorsqu'un lion marin a quelque chose à dire, il estime qu'il faut le dire— haut et fort.

Et des lions marins

Vous vous êtes sans doute
demandé pourquoi on appelle ces
grosses bêtes, qui ne ressemblent
en rien à des lions, «lions marins».
Il vous suffit d'entendre les
rugissements d'une otarie de
Steller pour comprendre
immédiatement d'où leur vient ce
nom. Fermez les yeux et vous vous
croirez à coup sûr dans la savane
africaine à côté d'un lion qui
rugit.

Interdit aux jeunes et aux vieux

Au printemps, lorsque le temps
s'adoucit et que les jours
allongent, les lions marins se
rassemblent sur les plages pour
s'accoupler et mettre bas.
L'endroit où ils se rassemblent
s'appelle un lieu de reproduction
ou roukerie.

Chez les lions marins de Californie, ce sont les mâles qui arrivent les premiers dans les roukeries pour conquérir un espace sur la plage. C'est leur territoire et c'est là que leurs petits verront le jour. Arrivent ensuite les femelles. Elles s'installent sur le territoire d'un mâle. Si le territoire d'un mâle est plaisant, on peut y trouver jusqu'à 15 femelles et quelquefois plus. Chez les otaries de Steller, ce sont les femelles qui arrivent les premières.

On appelle «harem» le groupe de femelles qui se trouve sur le territoire d'un mâle. Le mâle protège son domaine en chassant les intrus. Les mâles se battent rarement, mais les aboiements et les rugissements sont incessants!

Les mâles et les femelles qui sont soit trop vieux soit trop jeunes pour s'accoupler restent généralement à l'écart de la roukerie. S'ils essaient d'y pénétrer, un «gros dur» après l'autre les en chassent.

Page ci-contre:

Colonie d'otaries de Steller.

La vie sur la plage

Les lions marins s'accouplent en été pendant qu'ils sont sur les plages, et les femelles donnent naissance à un seul petit l'année suivante.

Le petit lion marin ne naît pas dans une pouponnière confortable, comme c'est le cas pour certains animaux. Il vient au monde sur la plage, au milieu de centaines d'autres lions marins.

Le petit ressemble beaucoup à sa mère, si ce n'est qu'il est plus petit et plus foncé. Il mesure entre 85 et 100 centimètres de long, et pèse quelque 16 kilogrammes. Il a les yeux grands ouverts et sa fourrure est belle et lustrée.

Quelques heures après sa naissance, le nouveau-né se met à téter sa mère. Comme le lait est très nourrissant, il grandit rapidement. Il mange du poisson dès l'âge de six mois mais continue de téter jusqu'à un an.

Le mâle passe le plus clair de son temps à surveiller son territoire et ne fait guère attention aux nouveau-nés.

Page ci-contre:

Les jeunes lions marins ne savent ni rugir ni même aboyer. En revanche, ils bêlent.

40

En faction

Quand ils nagent, chassent ou jouent dans l'eau, les lions marins ne craignent pas grand-chose. Cependant, il est deux ennemis dont ils doivent se méfier. Savez-vous de qui il s'agit? Évidemment, le requin et l'orque. S'il se bat avec l'un de ces animaux, même le plus gros des lions marins se trouve en état d'infériorité. Son seul salut est de se mettre à nager à toute vitesse ou de faire rapidement demi-tour pour échapper au vilain.

Si le lion marin parvient à se cacher sous un tapis d'algues sous-marines ou s'il atteint la plage, il aura sans doute la vie sauve. Il doit toutefois faire attention car les orques rampent quelquefois sur la grève pour s'emparer d'un lion marin sans méfiance.

Généralement, les prédateurs s'attaquent aux lions marins les plus jeunes ou les plus faibles, c'est-à-dire à ceux qui ne peuvent pas s'enfuir rapidement à la nage. Les femelles doivent donc surveiller leurs petits de très près.

Page ci-contre:

Maman et bébé devraient être en sûreté ici. L'eau n'est pas assez profonde pour qu'un requin ou un orque s'y aventure.

Leçons de natation

À quel âge avez-vous pris votre première leçon de natation? Plus tard qu'un lion marin, c'est certain. Lui, commence à nager quand il n'a qu'une dizaine de jours. Le petit suit sa mère jusqu'à une flache laissée par la marée. L'eau y est calme et peu profonde, et tous deux peuvent y jouer sans risque. S'il est fatigué, le petit grimpe souvent sur le dos de sa mère pour se reposer.

Le petit maîtrise vite pirouettes et virages dans l'eau. Cela est très important car la leçon suivante porte sur la façon d'attraper les poissons! Il lui faut apprendre quand respirer pour ne pas faire pénétrer d'eau dans ses poumons. Quand la mère en a assez de jouer, elle saisit en général son petit dans la gueule pour le sortir de l'eau.

Après avoir passé plusieurs semaines dans des eaux peu profondes, le petit est prêt à s'aventurer dans des eaux plus profondes et plus éloignées du rivage. Il apprend vite à plonger sous les vagues et à oblitérer ses narines dans l'eau.

Page ci-contre:

Pendant deux semaines après leur naissance, les lions marins restent près de leur mère.

45

Un défi: les profondeurs

Les jeunes lions marins adorent jouer. Ils se lancent des galets et s'amusent à se poursuivre dans l'eau, sautant et plongeant sans cesse. Ils jouent même à cache-cache sous l'eau parmi le varech et les algues.

Comme la couche de graisse qui le protège du froid est encore mince, le jeune lion marin ne peut rester longtemps dans l'eau. Au fur et à mesure qu'il grandit, la couche de graisse s'épaissit et il peut ainsi s'attarder dans l'eau, tout en ayant chaud. Vers l'âge de quatre mois, le lion marin nage très bien et peut rester sous l'eau pendant environ sept minutes. Lorsqu'il a six mois, il nage et part en quête de nourriture tout seul, mais reste à proximité de sa mère jusqu'au printemps suivant. Il s'installe ensuite en marge de la roukerie et y reste jusqu'à ce qu'il soit en âge de procréer. Dans leur milieu naturel, les lions marins peuvent vivre jusqu'à 17 ans et avoir beaucoup de petits.

Glossaire

Accoupler (s')   S'unir pour avoir un petit.

Flache   Creux dans le sable où séjourne de l'eau laissée par la marée.

Harem   Chez les lions marins, groupe de femelles vivant sur le territoire d'un mâle.

Mettre bas   Chez certains animaux, donner naissance à un ou plusieurs petits.

Mue   Période pendant laquelle un animal perd sa fourrure et que d'autres poils poussent.

Pinnipèdes   Groupe d'animaux aux pattes en forme de nageoires. Les phoques, les lions marins et les morses sont des pinnipèdes.

Prédateurs   Animaux qui se nourrissent de proies.

Pupille   Orifice central de l'œil qui se dilate ou se contracte selon la quantité de lumière.

Roukerie   Zone sur la plage où les lions marins se rassemblent pour s'accoupler, mettre bas et élever leurs petits.

Téter   Action de boire le lait de sa mère.

Varech   Algues et autre végétation sous-marine rejetées par la mer qui s'accumulent sur le rivage.

Vibrisses   Poils tactiles de certains animaux, comme le chat et le lion marin.

INDEX

Couverture: Herman Giethoorn (Valan Photos)

Crédit des photographies: Barry Ranford, pages 4, 13, 33; Peter Thomas (Image Finders Photo Agency), 6, 23; Herman Giethoorn (Valan Photos), 9, 29, 43; Network Stock Photo File, 10; Tim Fitzharris (First Light Associated Photographers), 14, 25, 34; Bruno Kern, 17, 26; Don Herrigan (Master File), 18; Hälle Flygare (Valan Photos), 20-21; J.D. Taylor (Miller Services), 30, 44; Wayne Lynch (Master File), 36-37, 41; John Foster (Master File), 38.

Imprimé en Espagne